Inhalt

Minderleister im Unternehmen - Problemlösung im Dialog

Kernthesen

Beitrag

Fallbeispiele

Weiterführende Literatur

Impressum

Minderleister im Unternehmen - Problemlösung im Dialog

Robert Reuter

Kernthesen

- Minderleister - auch Low Performer genannt - stellen viele Unternehmen vor Probleme. Oft sorgen sie für ein schlechtes Betriebsklima, sprengen ganze Teams und finden dennoch Kollegen, die ihnen nacheifern.
- Führungskräfte dürfen dem nicht tatenlos zusehen. Sie müssen nach den Gründen für die Leistungsstörung suchen und - am besten gemeinsam mit dem Mitarbeiter - Maßnahmen ergreifen.

- Bei uneinsichtigen Mitarbeitern, die die eigene Leistungsschwäche nicht einsehen wollen, helfen nur Abmahnung, Kündigung oder Aufhebungsvertrag.
- Im Falle der Kündigung müssen sich Arbeitgeber auf eine Kündigungsschutzklage einstellen. Hier muss die Minderleistung des Gekündigten stichhaltig belegt werden - was nicht leicht ist.

Beitrag

Effizienzstreben entlarvt den Minderleister

Hohe Effizienz und niedrige Kosten sind in den letzten 20 Jahren - neben der Produktinnovation - zu den wichtigsten Zielen der Unternehmen geworden. Gerade in Deutschland wurde in dieser Hinsicht viel unternommen. Die Folge waren jahrelang zu beklagende Massenentlassungen etwa im Automobilsektor, bei den Banken und vielerorts auch im Dienstleistungsbereich. Die dadurch gestiegenen Anforderungen an die Mitarbeiter sorgen zum einen für hohe Überstundenzahlen, zum anderen dafür, dass leistungsunwillige Kollegen leichter auffallen. Sogenannte Minderleister oder auch Low Performer stellen viele Unternehmen vor Probleme. Aus betriebswirtschaftlicher Sicht stellen sie einen überflüssigen finanziellen Mehraufwand für ein Unternehmen dar. Darüber hinaus sorgen sie nicht selten für Missmut bei fleißigen Kollegen, die für dasselbe Gehalt deutlich mehr Einsatz zeigen. (1), (2), (6)

Zwei Arten der Leistungsstörung

Low Performer sind Arbeitnehmer, die ihre persönliche Leistungsfähigkeit nicht voll ausschöpfen und dadurch unter der durchschnittlichen Leistung vergleichbarer Arbeitnehmer bleiben. Die Ursachen für fehlende Leistungsbereitschaft werden in der Literatur nach zwei wesentlichen Aspekten unterschieden. Die verhaltensbedingte Leistungsstörung gründet sich auf fehlenden Willen und fehlende Bereitschaft des Mitarbeiters. Anders liegt der Fall beim personenbedingten Minderleister. So werden Arbeitnehmer bezeichnet, die den nötigen Willen und die Bereitschaft für die erwartete Leistung haben, sie aber wegen nicht steuerbarer Umstände trotzdem nicht erbringen können. (1), (2)

Gefragt ist Führungsstärke

Darüber, wie mit Minderleistern umzugehen ist, gibt es unterschiedliche Ansichten. In jedem Fall gilt aber, dass in einem solchen Fall Führungsstärke und Mut gefragt sind. Viele Chefs bringen diesen jedoch nicht auf und hoffen, dass der Störer das Betriebsklima und die Leistungsbereitschaft der übrigen Kollegen nicht zu sehr beeinträchtigt. Zaudernde Führungskräfte übersehen jedoch die Gefahr, die von Minderleistern ausgeht. Es gilt als belegt, dass sich ein Teil der Kollegen am nicht selten frechen Auftreten von Faulpelzen ein Beispiel nehmen und versuchen, ihnen nachzueifern. Weil offensiv auftretende Arbeitsverweigerer auf diese Weise polarisieren, können sie aber den Zusammenhalt eines ganzen Teams sprengen. Zum anderen stehen Glaubwürdigkeit und Autorität der Führungskraft auf dem Spiel. Auch die anderen Kollegen registrieren es nämlich, wenn der Low Performer dem Chef ungestraft auf der Nase herumtanzt. Darin sind sich die Experten einig: Von Mitarbeitern, die ungeniert ihre Null-Bock-Haltung zur Schau stellen, sollte sich das Unternehmen schnellstmöglich trennen. (4)

Das Gespräch suchen

Die wichtigste an die Führungskraft gestellte Herausforderung ist, mit dem Minderleister zu reden und ihm die Unzufriedenheit mit ihm deutlich zu machen. Erst dann kann man gemeinsam nach Wegen suchen, die Leistungsstörung zu beseitigen. Belastet zum Beispiel einen Mitarbeiter ein privates Problem - etwa eine Scheidung - ist es durchaus angebracht, erst einmal eine schützende Hand über ihn zu halten und geduldig zu sein. Gleichwohl sollte auch dem in seiner Schaffenskraft beeinträchtigten Mitarbeiter ein Zeitpunkt gesetzt werden, zu dem das Unternehmen eine Verhaltensänderung erwartet.

Eine solche personenbedingte Störung liegt auch vor, wenn ein Mitarbeiter nicht genug leistet, weil er mit seinem Aufgabengebiet überfordert ist. Auch diese Ursache kann im Gespräch erörtert und durch geeignete Maßnahmen - Übernahme einer anderen Aufgabe oder eine Schulung - beseitigt werden. Wichtig ist in diesem Fall, mit dem Mitarbeiter eine Zielvereinbarung zu treffen, aus der sich ablesen lässt, ob die Maßnahmen gefruchtet haben. Unverzichtbar ist für den gemeinsamen Dialog immer die Einsichtsfähigkeit des Minderleisters. Lehnt dieser es ab, seine Leistungsstörung anzuerkennen, bleibt nichts anderes übrig, als ihm die möglichen Konsequenzen deutlich vor Augen zu führen. Diese sind im äußersten Falle die Abmahnung, eine Kündigung oder ein Aufhebungsvertrag. (9)

Neue Motivation durch Coaching

Ist die Leistungsstörung als personenbedingt erkannt - das heißt, der Mitarbeiter will, kann aber nicht - kann auch der Einsatz professioneller psychologischer Hilfe zum Ziel führen. So hat sich das Coaching in den letzten Jahren zu einer auch von Führungskräften gerne genutzten Quelle erhellenden Feedbacks auf das eigene Wollen und Tun entwickelt. Durch ein Coaching können aber auch potenzielle Defizite eines Mitarbeiters erkannt werden, um anschließend gemeinsam praxisgerechte Empfehlungen zu deren Beseitigung oder Reduzierung zu erarbeiten. Coaching dient auch dazu, Mitarbeitern, die in Schwierigkeiten geraten sind oder die einen erhöhten Gesprächs- und Erörterungsbedarf haben, einen qualifizierten Gesprächspartner zur Verfügung zu stellen. Auch Low Performern kann ein professionelles Coaching helfen, Denkblockaden zu durchbrechen oder Wege zu einer intrinsischen Motivation zu finden. (2), (8)

Kündigung ist oft nur schwierig durchzusetzen

In der juristischen Praxis hat sich gezeigt, dass Arbeitsgerichte die Entlassung eines Mitarbeiters wegen Minderleistung nur selten durchgehen lassen. Die Rechtsprechung steht auf dem Standpunkt, dass eine Kündigung wegen Leistungsschwäche nur gerechtfertigt ist, wenn die Leistungen des Betreffenden um mehr als ein Drittel schwächer sind als die der Kollegen. Überdies muss der Arbeitgeber Belege und Beweise für die Minderleistung vorlegen - was oft nicht leicht zu bewerkstelligen ist. In der Praxis kommt es daher meistens zu Aufhebungsverträgen, auf die sich die Arbeitnehmer einlassen, weil sie sich meist selbst an ihrem Arbeitsplatz nicht mehr wohlfühlen. Wie hoch die Abfindung ausfällt, hängt in der Regel davon ab, wie groß die Chancen des Mitarbeiters im Falle einer Kündigungsschutzklage wären. (2), (5)

Trends

Bore-out - Minderleistung durch Unterforderung

Nach dem bekannten Krankheitsbild Burn-out - das durch Hetze, permanente Selbstüberforderung und psychische Erschöpfung entsteht - macht neuerdings der sogenannte Bore-out von sich reden. Gemeint ist damit das Phänomen, durch Unterforderung zu einem Minderleister zu werden. Ähnlich wie der Burn-out ist der Bore-out jedoch keine allgemein anerkannte und explizit beschriebene Krankheit. Interessant ist der Verlauf von Bore-out, so weit bekannt: Der unterforderte Mitarbeiter entwickelt nämlich Strategien, die seine Situation manifestieren oder verschlimmern. Das heißt, er hält den Zustand der Unzufriedenheit selbst am Leben, indem er Arbeitsvermeidung betreibt. Diese negative Selbstbestärkung klingt paradox, zeigt aber zugleich, wie sich aus Langeweile am Arbeitsplatz ein Teufelskreis entwickeln kann. (7)

Fallbeispiele

Reden hilft

Bei einem Seminar des Kraftfahrzeugverbandes Schleswig-Holstein hat ein Werkstattinhaber den Fall eines Mitarbeiters geschildert, der längere Zeit fälschlich als Minderleister galt. Chef und Kollegen waren unzufrieden mit dem in der Waschanlage beschäftigten Mann, da die Fahrzeuge nie fertig waren, wenn sie abgeholt werden sollten. Zudem kam es immer wieder zu Kundenbeschwerden, weil die Autos nicht sorgfältig gereinigt zurückkamen. Als der Werkstattinhaber das Gespräch mit dem Kollegen suchte, stellte sich allerdings heraus, dass er gar nicht faul war, sondern völlig überfordert wurde. Jeder Meister, jeder Techniker und jeder Verkäufer hatte ihm Fahrzeuge zur Reinigung hingestellt, so dass eine Anzahl von Autos zusammenkam, die ein Einzelner gar nicht bewältigen konnte. Fortan wurde genau geregelt, wie viele Autos zum Waschen gebracht werden durften. Beschwerden gab es seitdem nicht mehr, und das Thema Kündigung war vom Tisch. (3)

Weiterführende Literatur

(1) Gute Leistung will geführt werden
aus Personalwirtschaft, Heft 09/2010, S. 62-64

(2) Low-Performance – Führung von Schlecht-, Fehl- und Minderleistern im Unternehmen
aus Schriften zur angewandten Mittelstandsforschung (SMf) (ISSN 1869-280X). 1. Jg., Heft 8, 2009, S. 1-8

(3) Toxische Typen
aus AUTO SERVICE PRAXIS, Heft 4/2012, S. 44-46

(4) Faulpelze schädigen Arbeitsklima
aus Wiener Zeitung 91 vom 2011-05-11, Seite 29

(5) Sie bringen's nicht!
aus Frankfurter Allgemeine Zeitung, 31.03.2012, Nr. 78, S. C2

(6) Karriere? Gern später!
aus FAZ.NET, 04.04.2012

(7) Praxisführung: Wenn alles zu wenig ist
aus Deutsches Ärzteblatt 19/109 vom 11.05.12 Seite 991

(8) Wenn es Führungskräften an den Kragen geht
aus Handelsblatt online vom 10.01.2012

(9) Mitarbeitergespräche - Gute Noten, schlechte Noten
aus ProFirma, Vol. 14, Heft 12/2011, S. 42-44

Impressum

Minderleister im Unternehmen - Problemlösung im Dialog

Bibliografische Information der deutschen Nationalbibliothek

Die Deutsche Nationalbibliothek verzeichnet diese Publikation in der deutschen Nationalbibliografie; detaillierte bibliografische Daten sind im Internet über http://dnb.d-nb.de abrufbar.

ISBN: 978-3-7379-0258-8

© 2015 GBI-Genios Deutsche Wirtschaftsdatenbank GmbH, Freischützstraße 96, 81927 München, www.genios.de

Alle Rechte vorbehalten. Dieses Werk ist einschließlich aller seiner Teile – z.B. Texte, Tabellen und Grafiken - urheberrechtlich geschützt. Jede Verwertung außerhalb der Grenzen des Urheberrechtsgesetzes bedarf der vorherigen Zustimmung des Verlags. Dies gilt insbesondere auch für auszugsweise Nachdrucke, fotomechanische Vervielfältigungen (Fotokopie/Mikroskopie), Übersetzungen, Auswertungen durch Datenbanken oder ähnliche Einrichtungen und die Einspeicherung und Verarbeitung in elektronischen Systemen.